LA ESCRIBA

LA ESCRIBA

Merche Llop

LA ESCRIBA
Primera edición: octubre 2024

© De los poemas: Merche Llop Alfonso
© De la ilustración de cubierta: Sergio Toppi
© Del diseño de cubierta y maquetación:
Nautilus Ediciones
nautilusedicioneshn@gmail.com

ISBN: 978-84-10241-34-3
Depósito Legal: Z 1774-2024

Impreso en España, Unión Europea

Tirana,
la Poesía,
me pide escribir-la.

REESCRIBIR

Vuelvo para cerrar un paréntesis.
La vida se escribe en espacios   vacíos.
La vida está en lo no escrito.

Esbozo.
Borro.
Suplico.
Mendigo.
Perdono.
Busco un rastro entre la lluvia para continuar.

El horizonte tiene manchas.
La vida quiere vida y sentido.
El sentido es…

MAPEAR

Dibujo la cara de un poema
que tiene sentido sólo para mí.

Dibujo un paisaje mudo entre la bruma
que abraza dolor de sangre en tinta negra
que todo lo emborrona
que todo lo disuelve
ante la mirada ciega
que resiste.

RIIING...

En mi sueño hay una alarma que suena brutalmente.

Mis sueños sueñan

en el mar

pero quisieran soñar

en un lugar de paz.

No hay paz en mis sueños
ni mar
sólo pájaros que graznan al amanecer.

Despierto.

ME   META   METAPOEMA

Me deslizo por la rampa de tus venas.
Me detengo en una isla de tu océano.
Con mis dientes zurzo las heridas.
No hay sangre en el bulbo y su puntada,
ni savia ni raíces.

Quiero escribir un metapoema
que salpique   que salte   que muerda
al son de la trompeta del corneta
la cometa.

Roto los espejos interiores
heridas las vocales de tu sangre
no hay costura
ni retorno
ni poema.

¿Es esto un poema?

ES-CRIBA

Escribía la escriba un poema para Cris.

Cris iba en el carro que corría
mientras la escriba escribía
          un poema para Cris.

Criba la escriba su poesía.

Cae el carro y el escrito de la escriba,
cae Cris
          y la escriba.

Sólo muere el poema.

Tenaz,
la Poesía,
me dice escribe-les.

A CHARLES BUKOWSKI I

Desde una vieja estantería hasta mis manos,
sin metáforas ni ortografía,
ha resbalado una rosa
robada *de las avenidas de la muerte.*

Porque el sol se cansa de esperar,
me he enfrentado a su luz.

Porque no hay nada peor
que un demasiado tarde,
                    estoy aquí.

A CHARLES BUKOWSKI II

Confieso.
He malgastado mi vida en el odio.
He sido oledora
          de tragedias.
He vivido sumergida en la rabia.
He sido incapaz de quitar de mi mente
          los obstáculos.
He sentido tener siempre razón.

Como tú, también
tuve un pájaro azul
que dormía conmigo y buscaba salir.

Era tan hermoso
que me hacía llorar.

TE DESVÍO

Hay un círculo en el camino,
un paréntesis, una valla de cristales arrancados
donde se consumen los despojos
que no quiero ver.

Para huir del sol
trazo líneas inseguras,
escribo un poema en el polvo,
mendigo
en un altar inexistente.

TE BUSCO

Me adentro   en el misterio
Nado   hacia el interior donde estalla
                    el ruido de tambores
Donde el agua   hierve   no me atrevo
Me adentro   a ver
En el rumor de   las palabras
lo que hiere   como piedras
y vuela con el polen   en nuevos horizontes.
Quizás ahí está   el secreto   de lo no escrito.

A TI

Pluma
que dibujas llanto
que perfilas nichos de explosión.
¿Quién te puso entre mis dedos?
¿Quién sopla la pluma de la muerte?

Irascible,
la Poesía,
exclama escribir-lo.

TAMBIÉN LA BIBLIOTECA

Huyen las palabras de los libros.
Con los disparos
entre piedras y edificios destruidos,
lágrimas de miedo se deslizan
por la estantería.

CREEDME

Me alimenté
con flores heridas que resistieron
los impactos del horror y el fuego.

Para escribir
necesito el aliento de aquella niña
que estuvo a mi lado
y
a pesar de todo
sonreía.

EN EL HOSPITAL IMPROVISADO

Una charca en su cerebro
espera diluirse
como ese tiempo que no llega,
como el barro que la nombra.

Confío en una señal,
en un acto compasivo,
pero los milagros se desvanecen
en los bombardeos.

CAFÉ CON LÁGRIMAS

Amanece. Camino hacia el trabajo,
me detengo como cada día
en la terraza de un bar.

Pido un café.

Mientras espero,
desde el periódico,
unos ojos de niño me interpelan
enrojecidos a través de la tinta
y el humo agrio de la muerte.

Su piel está cubierta
por la costra del miedo y del dolor.
Padre y madre son para él tan sólo dos palabras
aniquiladas bajo las máquinas de guerra.

El camarero coloca sobre la mesa
dos madalenas y la taza humeante.
Lágrimas caen sobre el café que se derrama
sobre las noticias, como una explosión que cubre
rostros de niños en cualquier parte de la Tierra.

TRAYECTO A LA FÁBRICA

El autocar de la empresa asoma su cornamenta
como un toro que embiste en la madrugada.
Ruxandra esconde sus lágrimas entre la niebla:
viajará en el último asiento,
sus hijos se quedan solos.
El pasillo hasta el fondo se hace impertinente,
clama la música:

> *Jerusalema ikhaya lami* —Jerusalén es mi hogar.
> *Ngilondoloze* —Sálvame.
> *Uhambe nami* —Se fue conmigo.
> *Zungangishiyi lana* —No me dejes aquí.
> *Ndawo yami ayikho lana* —Mi lugar no está aquí.

Hoy una mujer se sienta a su lado y pregunta:
¿Qué te ocurre?

Amanece antes de llegar.

Silenciosa,
la Poesía,
me impulsa escribe-te.

SURCOS

En el hueco de tu cama hay un pozo
donde bullen las palabras que callaste.

Suenan campanas en la memoria
cuando el tiempo se hace despedida.

No estás y no te has ido.
No sé dónde tu pensamiento.

Se instalan manchas como buitres
en el núcleo de las neuronas tercas.

SI ESPINAS

La leche fría que me amantó
irradia fuego
en el limbo de mis pensamientos.

Un escarabajo verde
ilumina en el campo
mi nicho circular.

ESTA NOCHE

Quiero huir de mí.
Busco un sentido al cruzar el puente
y me pierdo.
Quiero atravesar el cosmos
que sostiene las preguntas,
pero el frío entra en la herida.
Cuando miro hacia el ocaso
no me encuentro,
sin embargo
ese paisaje mudo
no es desconocido.

MIRADA

Despierto.
Cuando salgo a la calle
una anciana me mira
tras el cristal que rezuma
aliento de lágrimas con té.
Su casa está sellada
como una carta para nadie.

Tiembla el asfalto por la mañana.
Como los huesos de un árbol
en un invierno nuclear
crujen nuestras raíces.

La anciana se ve en mí,
yo me veo en ella.

Regreso.
Farolas desenterradas
quieren huir de su noche,
como yo,
como ella.

Liviana una abeja se pierde en mis labios,
mientras la luna me mira.

No hay nadie tras la ventana
cuando regreso a mi casa
por un camino de mar entre la hierba.

CUADERNO INACABADO

Me dijo la escriba que escribiera
como las que fueron
como las que serán.

Tomo el relevo y escribo ahora.

Tirana.
Silenciosa
Tenaz.
Irascible.
        La Poesía continúa.

Índice

Silenciosa
la Poesía,
me impulsa escribe-te. / 27

LA ESCRIBA
-de Merche Llop Alfonso-
se terminó de editar y maquetar
por Nautilus Ediciones
en Zaragoza, España,
en octubre de 2024.